Inhalt

Kohle - Durch CO2-freie Kraftwerke soll der Energieträger Nr. 1 sauberer werden

Kernthesen

Beitrag

Fallbeispiele

Zahlen und Fakten

Weiterführende Literatur

Impressum

Kohle - Durch CO2-freie Kraftwerke soll der Energieträger Nr. 1 sauberer werden

Autor GENIOS BranchenWissen: A.Schneider

Kernthesen

- Kohle - in der internationalen Stromerzeugung der Energieträger Nr. 1 - ist als klimatechnisch problematisch bekannt.
- Die drei möglichen Verfahren, Kraftwerke kohlendioxidfrei zu machen, sind die Rauchgaswäsche, das IGCC-Verfahren und das Oxyfuel-Verfahren.
- Allerdings sind diese Verfahren noch nicht marktreif, verursachen hohen Aufwand, senken den Wirkungsgrad der Kraftwerke und werfen neue rechtliche Fragen auf.

- Vattenfall errichtet seit Ende Mai in der Lausitz am Standort Schwarze Pumpe das weltweit erste weitgehend CO2-arme Braunkohlekraftwerk.

Beitrag

Wenn der Himmel über Südafrika trüb ist, liegts nicht unbedingt am Wetter: Aufgrund seiner vielen Kohlekraftwerke hat Johannesburg eine der höchsten Raten von saurem Regen weltweit. Doch neue Techniken versprechen ein nahes Ende der Dreckschleudern.

Energieträger Nr. 1 erlebt Renaissance

Noch vor fünf, sechs Jahren, schien die Kohle keinen Pfifferling mehr wert. Sie galt als Klimakiller; die Braunkohlekraftwerke waren als Dreckschleudern verschrien. Doch angesichts teuren Öls und Erdgases und derzeit noch zu geringen Outputs der Erneuerbaren Energien scheint sich das Blatt zu wenden.

Kohle ist in der internationalen Stromerzeugung der

Energieträger Nr. 1. Zu etwa 38 Prozent wird Strom aus Kohle gewonnen. Daran wird sich auch in absehbarer Zukunft nichts grundlegend ändern. Kohle bleibt als Energiequelle weltweit unverzichtbar und der Kohleverbrauch wird in beachtlichem Tempo zunehmen. Die Internationale Energieagentur IEA rechnet bis 2030 mit einem Wachstum des Kohleverbrauchs um mehr als 50 Prozent; die EU-Kommission und die US-Energiebehörde EIA erwarten sogar eine Verdoppelung. Dann würde der weltweite Kohleverbrauch bei jährlich 10,6 Milliarden Tonnen liegen. Die höchsten Zuwächse dürfte es dabei in den Entwicklungsländern Asiens geben. So verfügen beispielsweise China und Indien über riesige Kohlevorkommen.

Überhaupt genießt Kohle international seit einiger Zeit wieder deutlich mehr Ansehen. In China wird alle sieben bis zehn Tage ein neues Kraftwerk eröffnet, das mit Kohle befeuert wird; in den Vereinigten Staaten sind zurzeit nicht weniger als 129 Anlagen in Planung. [1]
Kein Wunder, dass die Kohleförderer rosige Zeiten erleben. Der weltgrößte Kohleproduzent ist die amerikanische Peabody Energy. Daneben zählen BHP Billiton, Rio Tinto, die schweizerische Xstrata sowie die amerikanischen Unternehmen Consol Energy, Massey Energy und Arch Coal zu den global führenden Kohleproduzenten.

Auch in Deutschland ist die Kohle vor allem die wettbewerbsfähige heimische Braunkohle wieder en vogue. Braunkohle trägt zu rund 26 Prozent, heimische Steinkohle zu rund 10 Prozent zur Stromproduktion bei.
Im vergangenen Jahr war die Förderung in den deutschen Revieren allerdings mit minus 2,2 Prozent leicht rückläufig. Insgesamt wurden 177,9 Millionen Tonnen Braunkohle gefördert. [Abb.1]
Doch die großen deutschen Braunkohleverstromer haben neue Projekte angekündigt. Der größte deutsche Braunkohleverstromer RWE baut seit September ein neues Braunkohlekraftwerk am Niederrhein. Der Branchenzweite Vattenfall will den eigentlich schon stillgelegten Tagebau Reichwalde in Ostsachsen für 300 Millionen Euro reaktivieren. Er soll ab 2010 wieder Kohle liefern. Und die Mitteldeutsche Braunkohlengesellschaft MIBRAG will ab 2007 einen neuen Tagebau im Landkreis Aschersleben-Staßfurt erschließen. (2)

Hoher Kohlendioxidausstoß nach wie vor größtes Problem

Längst ist bekannt, dass vor allem die Braunkohle ein klimatechnisch problematischer Rohstoff ist. Bei der

Verbrennung von Braunkohle wird sehr viel Kohlendioxid freigesetzt. Denn die Verbrennung fossiler Brennstoffe wandelt Kohlenstoff und Kohlenwasserstoffe hauptsächlich in Kohlendioxid um, welches in die Atmosphäre abgelassen wird. Dies trägt neben der weltweiten Entwaldung zu einer Erhöhung der Kohlendioxidkonzentration und damit zum Treibhauseffekt bei. Mit jeder verbrannten Tonne Kohle werden etwa drei Tonnen CO_2 erzeugt. (3) Selbst das modernste Braunkohlekraftwerk stößt im Vergleich zu Gaskraftwerken doppelt so viel Kohlendioxid aus - statt 370 Gramm CO_2 pro Kilowattstunde mehr als 800 Gramm CO_2 pro Kilowattstunde. Braunkohlekraftwerke erreichen auch mit modernster Technik nur einen Wirkungsgrad von 43 Prozent, das heißt 57 Prozent der Energie gehen ungenutzt durch den Schornstein verloren. Demgegenüber weisen Gaskraftwerke mit Kraft-Wärme-Kopplung einen Wirkungsgrad von bis zu 80 Prozent auf. (2)

Um die Stromerzeugung aus Kohle auch in Zukunft attraktiv zu machen, wird einerseits daran gearbeitet, den Wirkungsgrad von Kraftwerken kontinuierlich zu steigern. Zum anderen sollen Technologien für so genannte CO_2-freie Kohlekraftwerke aus dem Labor zur Marktreife gebracht werden. Noch laufen die meisten Kraftwerke weltweit mit überalterter Technik. Seit Mai 2006 baut der Energieversorger

Vattenfall nun die weltweit erste Pilotanlage eines kohlendioxidfreien Braunkohlekraftwerks in Ostdeutschland.

Technologien zur CO2-Vermeidung noch nicht marktreif

National und europaweit wurden in den vergangenen Jahren zahlreiche Forschungs- und Förderprogramme zur Entwicklung CO2-freier Verstromungstechnologien und zur Erforschung unterirdischer Speichermöglichkeiten für CO2 aufgesetzt.
So gibt es auf nationaler Ebene das COORETEC-Programm des BMWi mit den Forschungsvorhaben ADECOS (Oxyfuel-Prozess) und COORIVA (IGCC-Prozess) und auf europäischer Ebene das Forschungsvorhaben ENCAP (Enhanced capture of CO2).

Es gibt drei mögliche Verfahren, Kraftwerke CO2-arm zu machen. Das erste ist eine Rauchgaswäsche, die in die Kraftwerke als Filter eingebaut werden kann.

Das zweite ist die integrierte Kohlevergasung, das so genannte Integrated Gasification Combined Cycle-Verfahren (IGCC). Dabei wird das CO2 bereits vor der Verbrennung abgetrennt. In einer solchen Anlage soll die Kohle zunächst in einem Vergaser in ein Brenngas umgewandelt werden, das größtenteils aus Wasserstoff und Kohlendioxid besteht. Das Kohlendioxid wird dem Brenngas anschließend entzogen, womit alleine Wasserstoff übrig bleibt. Dieser kann dann mittels Gas- und Dampfturbinen genutzt werden. Das Abgas des eigentlichen Verbrennungsprozesses ist somit CO2-frei. Das Verfahren wird auch Pre-combustion genannt, weil hier das Kohlendioxid vor der Verbrennung abgetrennt wird. Gleichwohl entsteht das Treibhausgas auch bei diesem Verfahren, und es muss entsorgt werden. (4)

Und das dritte Verfahren ist das so genannte Oxyfuel-Verfahren. Dabei wird das während der Braunkohleverbrennung anfallende Kohlendioxid nicht in die Atmosphäre entlassen, sondern im Kraftwerksprozess abgeschieden und verflüssigt. Die Kohle wird dabei nicht mit Luft, sondern in einer Atmosphäre aus reinem Sauerstoff und rezirkuliertem Rauchgas verbrannt. Etwa 75 Prozent des bei der Verbrennung entstehenden Kohlendioxids wird im Kraftwerksprozess in den Kessel zurückgeführt. Schwefelverbindungen werden dem Rauchgasstrom in Form von Gips als Nebenprodukt entzogen. Schließlich wird der restliche, mit der Kohle eingetragene Wasserdampf auskondensiert, so dass ein Rauchgas mit einer Konzentration von etwa 98 Prozent an Kohlendioxid vorliegt. Dieses wird mittels Druck auf über 100 bar verdichtet und erreicht damit einen flüssigen Zustand. In dieser Form kann es transportiert und in geologischen Formationen tief unter der Erdoberfläche oder dem Meeresgrund dauerhaft gespeichert werden, zum Beispiel in der Tiefsee, in ausgebeuteten Erdöllagerstätten oder alten Kohlezechen. (3), (5)

Doch wo Licht ist, ist auch Schatten dies gilt leider auch für die so verheißungsvoll nach ungetrübt blauem Himmel klingenden neuen Technologien. Zum einen sind sie recht aufwändig. Zum anderen senken sie den Wirkungsgrad der Anlagen. Der Begriff Wirkungsgrad beschreibt das Verhältnis von eingesetzter zu tatsächlich nutzbarer Energie. Üblicherweise geht bei der Erzeugung ein hohes Maß an Energie verloren, allein schon weil Kraftwerke selbst große Mengen Energie verbrauchen. Die zusätzlichen Kraftwerkskomponenten, wie die Luftzerlegung und die CO_2-Verflüssigung, benötigen Energie und erhöhen so den Eigenbedarf des Kraftwerks. Bei heutigen Kraftwerken muss von einer Einbuße von mindestens zehn bis zwölf Prozent ausgegangen werden, die notwendige Verdichtung und Verflüssigung des Kohlendioxids nicht eingerechnet.
Außerdem muss die langzeitsichere unterirdische

Lagerung des verflüssigten Kohlendioxids gewährleistet werden. Hierzu werden weltweit von Forschungsteams geeignete Speicherstätten in unterirdischen Gesteinsformen untersucht und teilweise von der Industrie schon genutzt. Beispiele sind hierfür das Salah-Projekt in Südalgerien oder ein Projekt im Sleipner-Feld in der norwegischen Nordsee. Umfangreiche Möglichkeiten sehen Geologen in so genannten salinen Aquiferen und in ausgebeuteten Lagestätten von Öl, Gas und Steinkohle. Das Uno-Wissenschaftsgremium IPCC schätzt das Deponierungspotential auf bis zu 2 000 Gigatonnen.

Auch rechtliche Fragen sind bei der unterirdischen Lagerung noch ungeklärt. In den Gesetzen, die den Untergrund betreffen - wie etwa im Wasserhaushaltsgesetz -, ist das Speichern von CO_2 nicht berücksichtigt.

Fazit: Interessante Brückentechnologie

Eine Studie des Fraunhofer-Instituts für System- und Innovationsforschung (ISI) und der Bundesanstalt für Geowissenschaften und Rohstoffe (BGR) im Auftrag des Umweltbundesamtes, für die der aktuelle Stand der internationalen Forschung zusammengestellt und bewertet wurde, kommt zu dem Fazit, dass die CO2-Abscheidung eine interessante Brückentechnologie ist, um die Emissionen des Treibhausgases in den nächsten 20 bis 50 Jahren deutlich zu reduzieren, bis regenerative Energiequellen wie Photovoltaik, Wind oder Biomasse ausreichend verfügbar sind. (6)

Fallbeispiele

Die drei großen deutschen Energieversorger haben allesamt inzwischen große Investitionsvorhaben in Sachen CO2-freier Kraftwerke angekündigt. Vattenfall errichtet seit Ende Mai in der Lausitz am Standort Schwarze Pumpe das weltweit erste weitgehend kohlendioxidarme Braunkohlekraftwerk. Die 30-Megawatt-Pilotanlage soll 2008 in Betrieb gehen. 50 Millionen Euro soll sie kosten. Bis 2015 soll ein Demonstrationskraftwerk folgen, das mit einer elektrischen Leistung von 250 bis 300 Megawatt gebaut werden soll. Ein serienreifes Großkraftwerk mit Leistungen von etwa 1 000 Megawatt, das kein CO2 mehr emittiert, wird frühestens ab 2020 erwartet. Verwendete Technologie wird das Oxyfuel-Verfahren sein.

RWE plant ein CO_2-freies Kohle-Großkraftwerk mit einem Nettowirkungsgrad von 40 Prozent in Betrieb zu nehmen. Dabei setzt RWE auf das IGCC-Verfahren, will also das CO_2 schon vor der Verbrennung des Kohlegases in der Gasturbine abtrennen. Das Kohlekraftwerk soll eine voraussichtliche Bruttoleistung von rund 450 Megawatt haben und 2014 ans Netz gehen. Bislang ist noch nicht einmal entschieden, ob in der Anlage Steinkohle oder Braunkohle eingesetzt werden soll. Die Entscheidung, die Mitte 2007 fallen soll, wird im Wesentlichen davon abhängen, welcher Energieträger sich für die Vergasungstechnik am besten eignet.

Auch Eon will sich bei der Entwicklung von CO_2-freien Kraftwerken engagieren.
Ein konkretes Projekt in Großbritannien ist bereits geplant: In Lincolnshire soll ein stillgelegtes Kraftwerk derart umgerüstet werden, dass künftig das entstehende Treibhausgas Kohlendioxid abgetrennt werden kann. Dieses soll dann in einem Offshore-Ölfeld vor der britischen Küste verpresst werden. Man hoffe, im Jahr 2011 mit der 450-Megawatt-Anlage den ersten CO_2-freien Kohlestrom erzeugen zu können, heißt es bei Eon. (4)
Die Konzernleitung kündigte auch an, bis 2010 in Deutschland eine Pilotanlage zu errichten, mit der CO_2 abgetrennt und nicht in die Luft abgegeben werden soll. In den USA sei der Konzern Partner beim

Bau eines Kraftwerks, das ab 2012 ohne den Ausstoß von CO2 betrieben werden soll. (7), (8), (9)

Zahlen & Fakten

Braunkohleförderung in Deutschland

Reviere	Förderung in Mio. t		
	2004	2005	Veränd. in %
Rheinland	100,3	97,3	-3
Lausitz	59	59,4	0,6
Mitteldeutschland	20,2	19,1	-5,7
Helmstedt	2,4	2,1	-10,3
Kleinbetriebe	0	0	-
Summe	**181,9**	**177,9**	**-2,2**

Quelle: Angabe der Unternehmen, DEBRIV

Entnommen aus: http://www.braunkohle.de

Weiterführende Literatur

(1) Die Renaissance der Kohle
aus Handelsblatt Nr. 116 vom 20.06.06 Seite 30

(2) Renaissance des braunen Klimakillers Allen Klimaschutzzielen zum Trotz feiert der schädlichste Energieträger ein Comeback: Gleich drei

Energiekonzerne kündigen an, die Nutzung von Braunkohle auszubauen. Dank verschenkter CO2-Zertifikate durch die Regierung rechnen sich die Projekte
aus taz, 23.10.2006, S. 8

(3) "Herausforderung ist ungelöst" Der Energiekonzern RWE hat angekündigt, ein Kohlendioxid-freies Kohlekraftwerk zu bauen. Anlagenspezialist Gerd Oeljeklaus glaubt nicht an die saubere Verbrennung. Vor allem die Speicherung des Gases sei ökologisch und wirtschaftlich problematisch
aus taz NRW, 31.08.2006, S. 4

(4) Das CO2 soll unter die Erde
aus Handelsblatt Nr. 209 vom 30.10.06 Seite b03

(5) O.V., CO2-freie Kohleverstromung, www.energiemix-zukunft.de
aus Handelsblatt Nr. 209 vom 30.10.06 Seite b03

(6) CO2-freies Kraftwerk zu vertretbaren Kosten machbar
aus WIRTSCHAFTS-INFORMATIONS-DIENST ENERGIE Nr.41 vom 13.Oktober 2006

(7) Kohle kann Klimaschutz
aus www.powernews.org Meldung vom 10.10.2006 - 15:48

(8) Flüssiges Kohlendioxid aus Braunkohle

aus www.powernews.org Meldung vom 13.06.2006 - 09:20

(9) O.V., Modernstes Kohlekraftwerk der Welt soll in Deutschland entstehen, Spiegel Online, 31.10.2006 aus www.powernews.org Meldung vom 13.06.2006 - 09:20

Impressum

Kohle - Durch CO2-freie Kraftwerke soll der Energieträger Nr. 1 sauberer werden

Bibliografische Information der deutschen Nationalbibliothek

Die Deutsche Nationalbibliothek verzeichnet diese Publikation in der deutschen Nationalbibliografie; detaillierte bibliografische Daten sind im Internet über http://dnb.d-nb.de abrufbar.

ISBN: 978-3-7379-2335-4

© 2015 GBI-Genios Deutsche Wirtschaftsdatenbank GmbH, Freischützstraße 96, 81927 München, www.genios.de

Alle Rechte vorbehalten. Dieses Werk ist einschließlich aller seiner Teile – z.B. Texte, Tabellen und Grafiken - urheberrechtlich geschützt. Jede Verwertung außerhalb der Grenzen des Urheberrechtsgesetzes bedarf der vorherigen Zustimmung des Verlags. Dies gilt insbesondere auch für auszugsweise Nachdrucke, fotomechanische

Vervielfältigungen (Fotokopie/Mikroskopie), Übersetzungen, Auswertungen durch Datenbanken oder ähnliche Einrichtungen und die Einspeicherung und Verarbeitung in elektronischen Systemen.